AF264005

# QUELQUES MOTS DE RÉPONSE

## A M. OMER

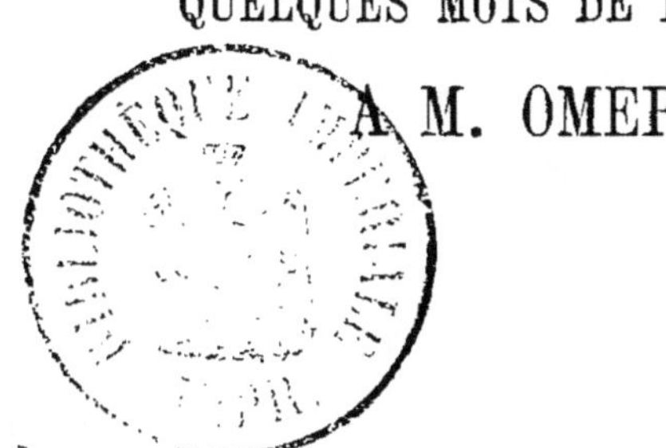

# QUELQUES MOTS

## DE RÉPONSE

# A M. OMER

SECRÉTAIRE RAPPORTEUR

DU COMITÉ DE L'ASSOCIATION DES ARTISTES DRAMATIQUES

PAR

## M. BOUVARD

**MARSEILLE**

TYPOGRAPHIE ET LITHOGRAPHIE H. SEREN
Quai de Rive-Neuve, 5.

—

**1865**

# A M. OMER

## SECRÉTAIRE-RAPPORTEUR

Ce n'est pas légèrement qu'on prononce en pleine assemblée, des paroles aussi mal sonnantes que celles de M. Omer, dans son Rapport à la Société des Artistes Dramatiques, sans avoir sous les yeux, dans les mains même les preuves certaines des faits qu'il énonce relativement au bénéfice d'une soirée, ou plutôt d'une fête donnée à Toulouse, au Théâtre du Capitole, sous ma direction, *et organisée par les soins de MM. les Délégués* (ce qui n'est pas tout à fait vrai, car) seul, j'en ai eu la pensée! seul, j'ai travaillé deux jours sans le secours de personne, seul, j'ai tout réglé et payé de ma bourse particulière les frais énormes de cette fête! non couverts par le produit de la recette. Le contraire, de ce que j'avance, mérite un démenti formel ! et je le donne énergiquement.

Que des comptes approximatifs aient été faits, et présentés par M. Dalis, sans mon autorisation, sans avoir préalablement examiné le doit et avoir de mes livres en règle, je n'en doute pas un seul instant; à cette époque, je n'avais rien de commun avec M. Dalis. C'est de sa part, du reste, la continuation des mauvais procédés du pensionnaire peu dévoué pour son Directeur qui a été heureux de lui rendre plusieurs bons services. J'arrête là mes récriminations à son égard ; je répondrai bien autrement si je me trouve attaqué de nouveau par M. Dalis, ou par le Comité de l'association.

Quant à M. Omer, il n'a pas en main les preuves certaines de ce qu'il avance ; comment veut-il alors que je nomme cette infraction aux règles de la loyauté ! Pourquoi mal parler d'un homme qu'il ne connaît pas, et sans lui envoyer au moins un exemplaire de sa *délicate littérature*.

Ce n'est qu'à l'amitié de M. B..... que je dois d'avoir lu, et de pouvoir répondre à un triste mensonge.

M. Omer oublie la visite chez moi à Saint-Mandé, avenue du Bel-Air, 47, de M. ***, avocat de la Société, sous les yeux duquel je mis seulement la moitié des notes des fournisseurs, signées par eux, et qui dépassait en frais le chiffre de la recette. Je n'oublie pas, moi, que j'eus à faire cette fois à un homme digne qui voulut bien, après un léger examen, me presser affectueusement la main en me priant d'excuser cette démarche officieuse.

Depuis cette visite, je n'ai reçu aucune demande, aucun avis, aucun ordre du Président de la Société ou des Membres du Comité.

Puisque M. Omer a bien voulu s'occuper de moi, et qu'il doit avoir les preuves du bénéfice qu'il réclame, s'élevant, dit-il, à 600 francs environ (*environ* n'est pas heureux, c'est déjà n'être pas certain), il doit avoir aussi les résultats des *deux* représentations données au bénéfice de l'Association ; car je ne me suis pas contenté d'en donner une seule ainsi que l'exigeait mon privilége. Il doit savoir si l'association a gagné ou perdu ? S'il y a eu bénéfice, je suis détenteur de ces sommes ; s'il y a eu perte, a-t-elle été remboursée par le Comité ? je ne le crois pas. Pourquoi M. Omer oublie-t-il de constater cela ?

Il est léger de votre part, M. le Rapporteur, de parler ainsi que vous l'avez fait d'un homme que vous ne connaissez pas, et qui n'a pas pour habitude de frapper par derrière, qui ne fait pas non plus, ainsi que le Rapporteur de la Société, parade de ses bonnes actions.

Il y a, M. le Rapporteur, dans votre Comité même, des artistes qui ont été mes camarades et qui auraient pu vous fournir de meilleurs renseignements sur la probité de l'ex-Directeur des théâtres de Toulouse.

J'en appelle à tous mes camarades, à mes ex-pensionnaires, voire même aux Autorités des villes de Rouen, Toulouse, Nantes et Strasbourg, avec lesquels j'ai eu l'honneur d'être quelquefois en rapport.

**BOUVARD.**

Marseille, 20 Octobre 1865.

* 9 7 8 2 0 1 2 9 7 1 8 1 3 *